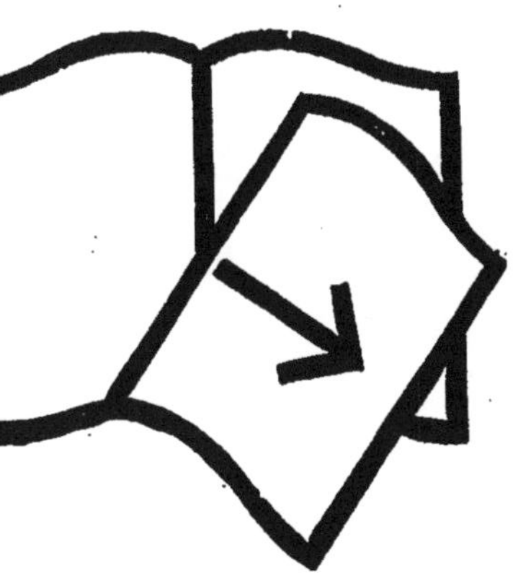

Couverture inférieure manquante

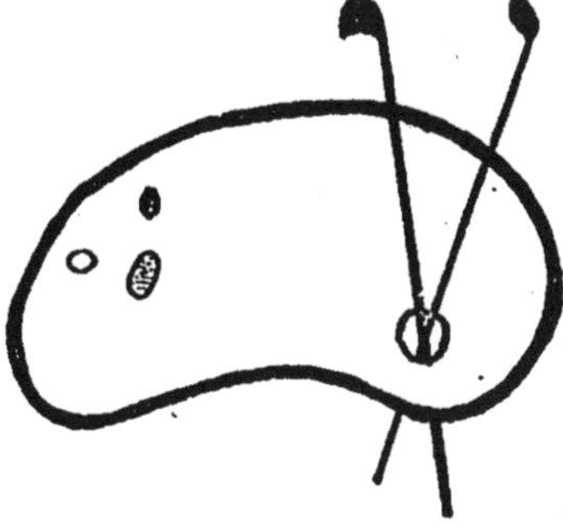

DEBUT D'UNE SERIE DE DOCUMENTS
EN COULEUR

NOTES

D'ARCHÉOLOGIE ET D'ETHNOGRAPHIE

RECUEILLIES DANS LE COMAL

PAR

G. RÉVOIL

PARIS

ERNEST LEROUX, ÉDITEUR

LIBRAIRE DE L'ÉCOLE DU LOUVRE
DE LA SOCIÉTÉ ASIATIQUE, DE L'ÉCOLE DES LANGUES, ETC.
28, RUE BONAPARTE, 28
1884

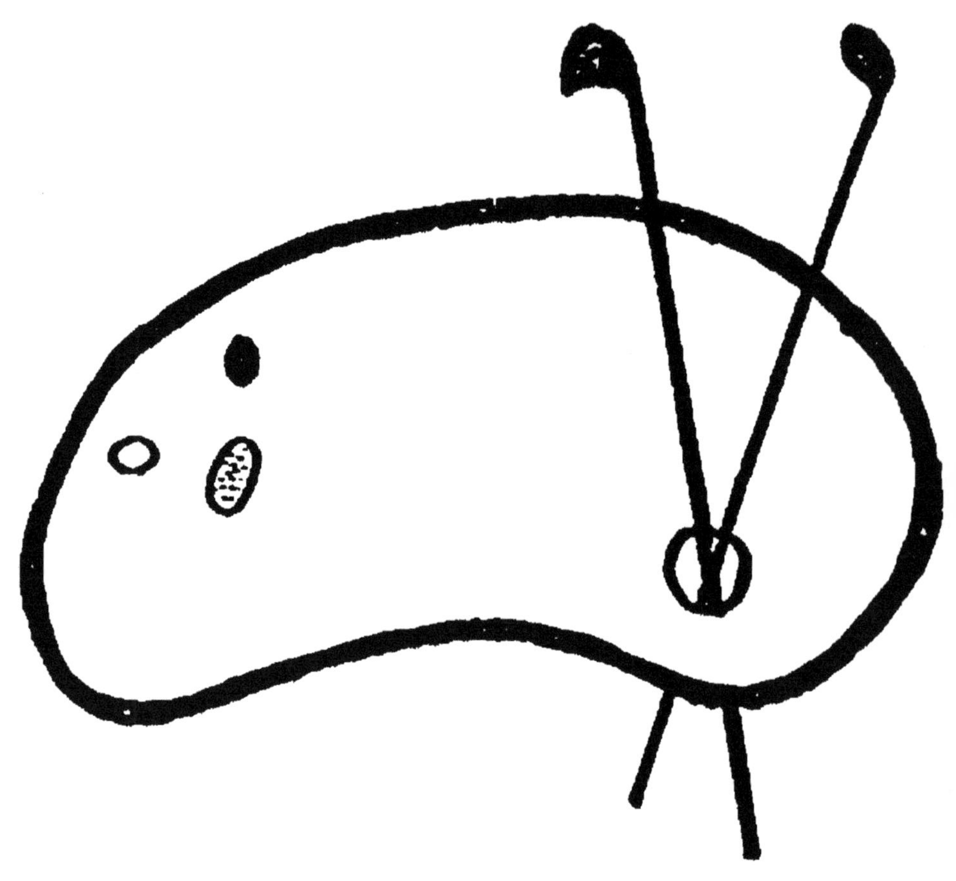

FIN D'UNE SÉRIE DE DOCUMENTS
EN COULEUR

NOTES

D'ARCHÉOLOGIE ET D'ETHNOGRAPHIE

ANGERS, IMPRIMERIE BURDIN ET Cie, RUE GARNIER, 4.

NOTES

D'ARCHÉOLOGIE ET D'ETHNOGRAPHIE

RECUEILLIES DANS LE ÇOMAL

PAR

G. RÉVOIL

❧

PARIS

ERNEST LEROUX, ÉDITEUR

LIBRAIRE DE L'ÉCOLE DU LOUVRE

DE LA SOCIÉTÉ ASIATIQUE, DE L'ÉCOLE DES LANGUES, ETC.

28, RUE BONAPARTE, 28

1884

NOTES

D'ARCHÉOLOGIE ET D'ETHNOGRAPHIE

RECUEILLIES DANS LE ÇOMAL

Lorsque en 1878 je visitai, pour la première fois, une partie du littoral de la Medjourtine [1], j'eus l'occasion de remarquer sur différents points de cette contrée de nombreux tas de pierres affectant des formes et des dispositions diverses.

Le but de ma mission étant à cette époque purement commercial, je n'attachai pas très grande importance à cette observation. J'en fus cependant assez frappé pour ne point omettre, au cours de la relation de mon voyage [2], de signaler la présence de ces tumuli dans les pays çomalis.

Certaines explications que me donnèrent mes guides et dont je ne saisis qu'imparfaitement le sens, m'avaient amené à attribuer à ces amoncellements de pierres une origine des plus simples.

Je crus comprendre que c'était là l'œuvre des bédouins et des pasteurs qui, à chacun de leurs passages, débarrassaient ainsi les chemins des caravanes des cailloux et des pierres qui entravent leur marche.

[1] Contrée çomali qui forme l'extrémité de la pointe nord-est de l'Afrique, terminée par le cap Guardafui.
[2] G. Révoil. *Voyage au cap des Aromates (Afrique Orientale).* Paris, Dentu, 1880, in-12.

En 1880 je suis retourné en Medjourline, chargé cette fois d'une mission scientifique par M. le ministre de l'instruction publique.

Parmi les problèmes que je m'étais proposé de résoudre, celui de connaître l'origine de ces tumuli tenait une place importante. Aussi dès mon arrivée mes investigations commencèrent-elles ; et mes recherches m'amenèrent à la découverte de vestiges de trois ordres différents :

1° Des silex taillés.

2° Des tumuli ;

3° Des ruines.

I

Les silex de tout le pays çomal sont des formes les plus grossières et les plus primitives. En les triant avec soin, on finit par y distinguer des masses (fig. 2), des haches de forme lancéolée, pointues et taillées à trois pans sur une des faces (fig. 1), des couteaux, des grattoirs, et enfin des éclats de forme arrondie que l'on devait saisir avec le pouce et l'index, la main fermée, pour ouvrir quelque chose, à en juger par la disposition des éclats sur une partie seulement. Je n'insisterai pas sur ces divers types bien connus des ethnographes et dont les dessins ci-joints donnent une idée fort exacte.

J'ai ramassé ces silex sur le sol, dans tout le trajet de mon itinéraire, mais plus particulièrement sur le rivage et sur les hauts plateaux.

Je dois ajouter qu'il m'eût été facile, si j'avais voulu recueillir les simples éclats qui avoisinaient des ateliers encore bien reconnaissables, de rapporter un chargement complet de pièces portant indubitablement la marque du travail de l'homme.

Les tumuli (fig. 6 et 7) affectent des formes très curieuses. Ce sont des tas de pierres arrondis, parfois entourés d'un cercle de grosses pierres ou bien d'une couronne emprisonnée elle-même dans un cercle de grosses pierres.

Il s'en trouve qui ont l'aspect d'un petit cratère ; comme si la

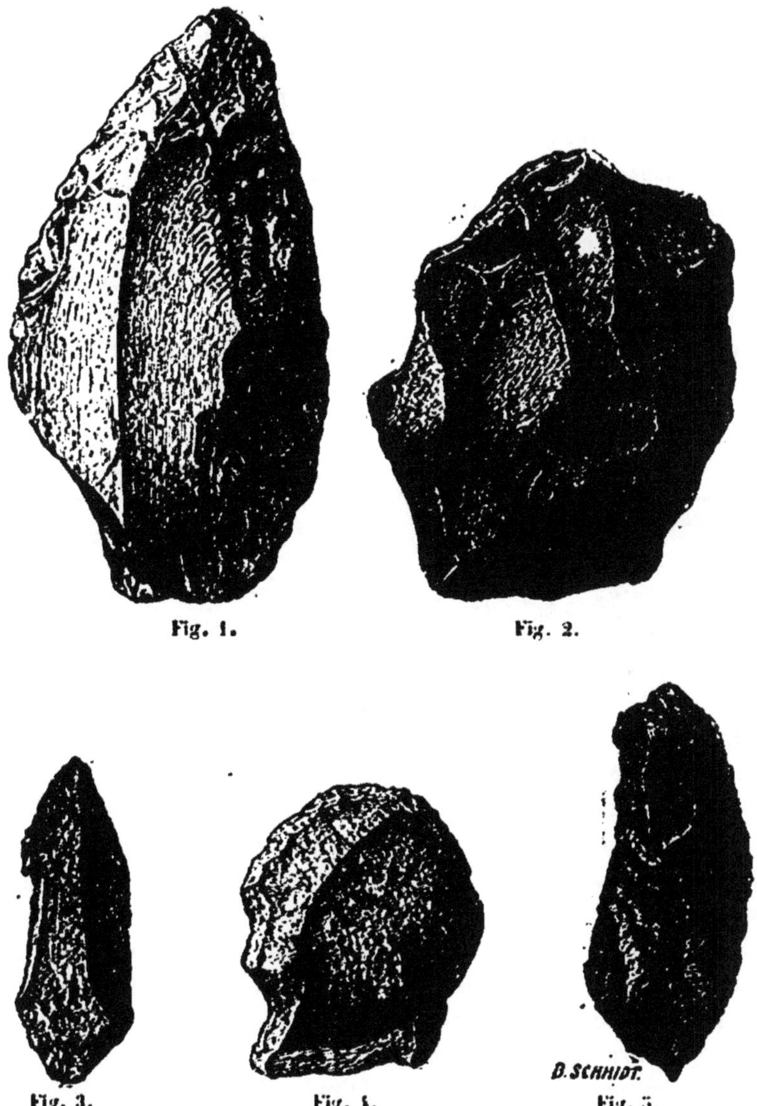

Fig. 1.   Fig. 2.

Fig. 3.   Fig. 4.   Fig. 5.

Fig. 1. Hache de forme lancéolée (vallée d'Angoro). — Fig. 2 à 5. Masse, couteaux, grattoir (camp de Berguel, tribu des Medjourtines).

partie supérieure du tas avait été entraînée par une dépression du sol. Ou bien encore ce sont des cubes ou des troncs de pyramides, gigantesques, massifs de petits cailloux emprisonnés par des parements de pierres beaucoup plus grosses.

Quelquefois, comme dans les figures 7 et suivantes, ces tas de pierres affectent certaines dispositions bizarres. Ce sont comme des assises d'habitations.

D'autres sont de simples couronnes de pierres, avec ou sans pierre levée à côté (fig. 10).

J'ai rencontré ces tumuli dans tout mon voyage; partout ils me sont apparus sous les mêmes formes sans qu'il y ait, dans aucune des régions que j'ai visitées, plus ou moins de l'une ou de l'autre.

A Berguel cependant, sur les bords de l'Océan Indien, près du

Fig. 6. Tumuli d'Alleyah, tribu des Ouarsanguélis.

cap Ali Besquel, leur agencement a plus particulièrement attiré mon attention.

Dans la grande arène qui court aux pieds des monts Gorali, entre Berguel et Binnah, auprès d'un *torrent* qui se déverse *dans une lagune alimentée par la mer*[1], se développe un espace délimité par des blocs de rochers irrégulièrement disposés et assez distants les uns des autres. Dans l'enceinte ainsi formée, des tumuli circulaires encadrent symétriquement un énorme amoncellement de petits cailloux représentant une pyramide tronquée dont les parois sont revêtues de plus grosses pierres.

La base supérieure de ce tronc de pyramide atteint une superficie de 60 mètres carrés.

C'était là sans doute un ancien camp. Sur les terrassements

[1] Je souligne ces mots avec intention, comme quelques-uns de ceux qui vont suivre, pour les rapprocher plus bas du récit d'Artémidore.

formés par les massifs résidaient les chefs qui exerçaient autour
d'eux leur surveillance.

Aux alentours, gisaient des monceaux de *détritus de coquillages* (clovisses) et des *ossements de poissons*, puis des *squelettes* de
tortues gigantesques enfouis à peu de profondeur dans ces mêmes
détritus. Tout signalait en ces lieux le passage d'une peuplade
ichtyophage.

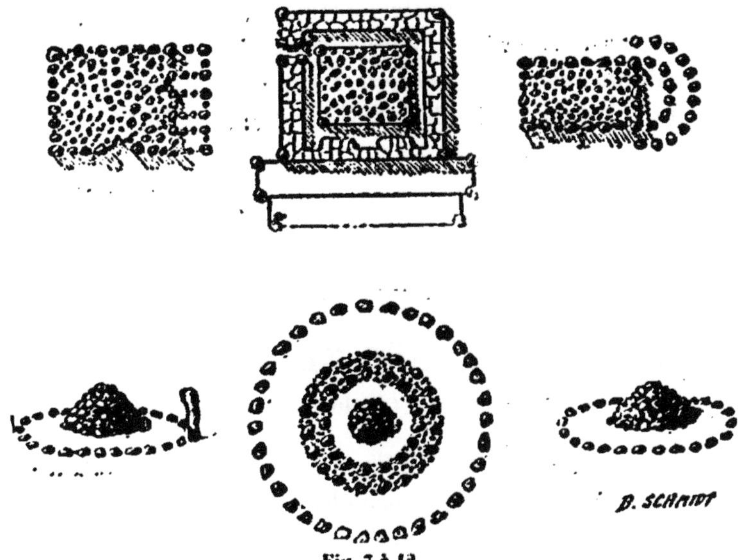

Fig. 7 à 12.

Amoncellements et tumuli du camp de Berguel, tribu des Medjourtines [1].

Des silex, des amulettes en coquillages percées de deux trous
pour être suspendues, des poteries, du fer, du bronze, jusqu'à des
éclats de bombe s'y rencontraient également, fournissant les
preuves d'une occupation successive de peuplades d'un âge diffé-
rent et d'une civilisation inégale, antérieure à la conquête moderne
de la côte orientale signalée par les débris de projectiles.

Sur le parcours de Berguel à Bender-Khor [2] dans l'intérieur de

<hr>

[1] Le tumulus portant une pierre levée représente le tumulus de Ilés dans
lequel j'ai pratiqué les fouilles dont il sera question plus bas. (Tribu des Haber-
tel-Jalo.)

[2] Traversée de l'océan Indien au golfe d'Aden par l'intérieur de la Medjourtine.

la Medjourtine, à Dadaballo, à Deïlah, à Goumayo, à Dagagnad, à El-Guel, à Bour-Chérad, dans les petites vallées aux abords des sources se retrouvent partout les traces du passage de ces peuplades riveraines.

A Golfi, Bio-Kolalla, dans l'arène de Bender Gasem, dans le lit du Karin, à Massal, se dressent des amoncellements de pierres semblables.

Si, passant de la tribu des Medjourtines dans celle des Ouarsanguelis, nous arrivons à quelques heures de Bender Gasem, auprès d'Alleyah, un vaste champ s'ouvre à nos conjectures.

Dans une arène jonchée de tumuli s'élèvent (fig. 13) les ruines de

Fig. 13. Ruines des tours d'Alleyah. Oppidum Gaza? (Tribu des Ouarsanguélis.)

deux tours carrées construites l'une à côté de l'autre sur la même base et emplâtrées en différents endroits d'un ciment fort dur.

Aux environs de Lasgorée, dans la vallée de Guel-Dora, sur les sommets d'Aïrensit, de Mana, de Yaffar (1,800 m. altitude), dans la vallée du Darror, à Bar-Ham, à Rhât, toujours ces mêmes tumuli.

A Haffdâr, près de Rhât, point déjà visité par Speke[1], je retrouve ce mélange d'amoncellements de pierres et de ruines de constructions en pierres sèches dont le plan ci-joint (fig. 14) peut faire apprécier le caractère curieux. On remarquera, entre autres, l'agencement compliqué des pièces qu'elles devaient contenir.

Partout il m'a été impossible, à cause de la méfiance des naturels, de faire la moindre fouille dans ces tumuli. Une seule occasion m'a été offerte par hasard de réaliser mon désir. Voici

[1] Burton. *First footsteep in the East Africa.* London.

dans quelle circonstance j'ai opéré et quels résultats j'ai obtenus :

Je revenais sur Aden, à bord d'un boutre [1] lorsqu'une violente tempête nous obligea à relâcher dans la petite crique de *Salouine*, près de Hés, dans la tribu des Habar-tel-Jalo.

Nous descendons à terre pour prendre du lest. J'accompagne

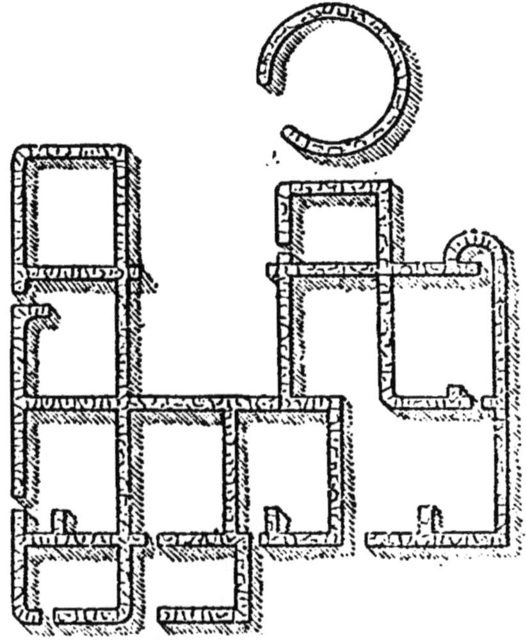

Fig. 14. Vestiges des constructions en pierres sèches d'Haffdâr, près Rhât.
(Tribu des Ouarsanguélis.)

mes hommes et je me trouve en présence d'une quantité innombrable de tumuli de toutes formes, dont quelques-uns ont été couverts par les éboulements de la montagne à laquelle ils étaient adossés.

J'interroge. Un des naturels du pays, en causant avec moi, m'avoue en secret que, plus hardi que les autres habitants, il a bravé le *cheïtan* ou esprit malfaisant caché sous ces tas de pierres.

En fouillant l'un de ces tumuli en forme de couronne

[1] Embarcation des indigènes.

et marqué par une pierre levée (cette pierre surtout semblait avoir attiré son attention) il avait trouvé des perles, du bronze, du verre, des poteries, et les restes de matériaux brûlés.

Je l'engage à me conduire de suite sur les lieux. Mes recherches mettent à jour à cette même place des débris informes de verre, du bronze, des perles en cornaline et en améthyste, des fragments de coupes en émaux juxtaposés par fragments hexagonaux.

Le lendemain je poursuis mes fouilles sur un autre point, mais comme nous avons peu de temps et qu'il importe de ne pas éveiller l'attention des indigènes, j'avise un tas de pierres comme celui de la veille, au pied de la même colline, et que les eaux pluviales ont débarrassé du sable et de la terre qui l'encombraient.

Presque à la surface du sol je ramasse : (Voir pl. I.)

1° Des débris de verreries ;

2° Des fragments d'émaux divers ;

3° Un masque en verre filé (pl. I, fig. 5) ;

4° Des baguettes d'émail de diverses couleurs dont une ornée d'étoiles (pl. I, fig. 1 à 4) ;

5° Des fragments d'émaux ornés de grecques (pl. I, fig. 8 et 9) ;

6° Des débris de poteries recouvertes d'une couche de vitrification verte et bleu clair (pl. I, fig. 14) ;

7° Un fragment de vase en albâtre (p. 15, fig. 18) ;

8° Des perles en cornaline, en améthyste, en verre, et même en os (pl. I, fig. 6) ;

9° Des débris de vases en pierres et d'amphores ;

10° Des clous ;

11° Des poteries rouges, recouvertes d'un vernis de même couleur, dites vulgairement poteries de Samos (p. 15, fig. 22, 23).

Avant d'analyser ces découvertes de Ilés, je dois parler des constructions d'Olok et de Khor Abdaham auxquelles leur caractère assigne une place ici, bien que ces découvertes se rattachent au début de mon voyage, contrairement à celles-ci qui le clôturent.

J'ai souligné les deux tours carrées revêtues de ciment

d'Alleyah, près de Bender Gasèm, au milieu de tumuli de toutes sortes. J'ai aussi appelé spécialement l'attention sur le plan des ruines d'Hafdâr, constructions en pierres sèches d'une régularité vraiment curieuse.

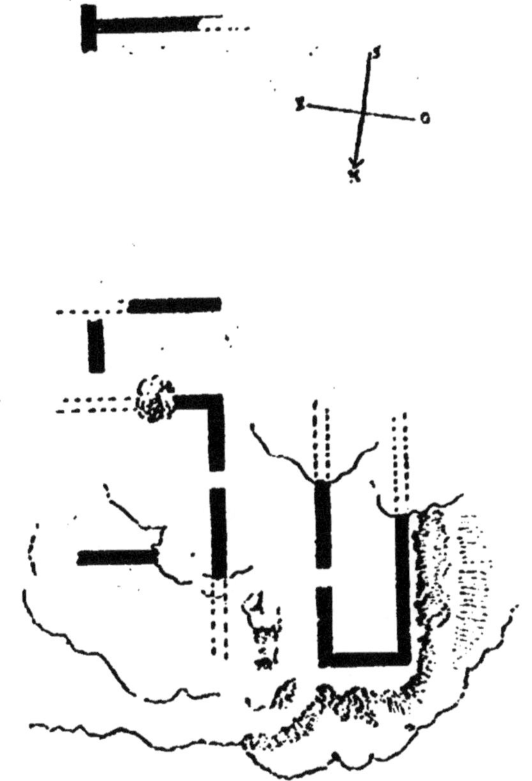

Fig. 15. Ruines d'Olok. Cap Guardafui, vers. N.-O. (Tribu des Medjourtines.)

Les vestiges d'Olok et de Khor Abdaham sont tout différents.

A Olok, sur le versant N.-O. du cap Guardafui, à fleur du sable qui les encombre, sortent les murs de constructions taillées dans le roc.

Auprès d'elles, j'ai ramassé des débris d'amphores, de poteries et de meules de moulin en lave.

A Khor Abdaham, sur la route de Tohen à Berguel (Océan

Indien), les naturels m'ont arrêté sur une petite hauteur, au fond d'une crique, devant les traces d'une construction dont il ne reste que les soubassements émergeant à 50 centimètres à peine du sol.

Les assises sont formées d'apparaux parfaitement assemblés. Dans le milieu de l'une des deux pièces qui forment le plan de ces ruines sort de la terre et du sable qui l'encombrent une corniche et ses moulures, trois filets simples en retraite de 2 centimètres.

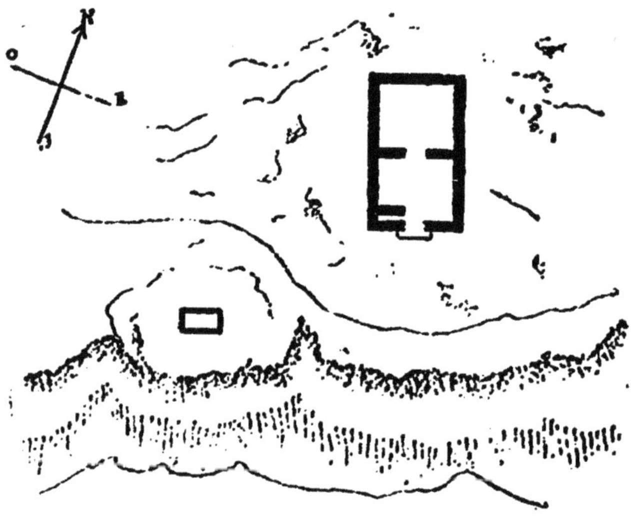

Fig. 16.
Ruines de Khor Abdal-am, route de Tohen à Berguel. (Tribu des Medjourtines.)

A quelques pas de là, sur un petit tertre, s'élèvent aussi les assises d'une construction qui n'a pas plus de deux mètres carrés.

L'ensemble de ces vestiges me ferait croire, par leur disposition, que je suis en présence d'un temple en dehors de l'enceinte duquel aurait été dressé un petit autel.

A toutes les questions que, dès le début de mon exploration et de mes recherches, j'ai adressées aux naturels en face de ces vestiges, il m'était partout répondu :

« Ce que tu vois devant toi est l'œuvre des Gallas, des Pharsis, des païens d'autrefois (kofri min aouél). » Mais là se bornait le savoir de mes guides ou des vieillards du pays. Ce qu'ils affirmaient par leur réponse, c'est que tout cela n'était point leur œuvre, mais celle de leurs ancêtres, des païens, des Gallas, des Pharsis, races qui vivaient dans les pays Çomalis au moment de la venue de Jabarti ben Ismaïl, leur père, le prédicateur de la religion islamique [1].

II

A quel peuple peuvent se rapporter des silex taillés trouvés dans les pays Çomalis ?

Les plus anciennes figurations se rattachant aux peuplades de la pointe N.-E. de l'Afrique, telles que les peintures du tombeau de Rekmara, et celles du temple de Deir el Bahari nous montrent les habitants du pays de Pount, le Çomal actuel, en possession des métaux.

Le chef qui arrive en suppliant devant l'émissaire égyptien a la jambe droite protégée par une sorte d'armure que Mariette-Bey compare au *dangabor* des habitants de Bongo.

Il porte à la ceinture un poignard. Ce poignard s'est conservé chez les habitants de Brawa et de Mogadoxo, chez les Çomalis Tunis et Bimals.

Il y a donc lieu d'admettre que l'âge de pierre, dont j'ai recueilli tant de vestiges, est antérieur au xviie siècle avant notre ère, date des peintures que je viens de citer.

Je me suis longtemps demandé si tous les tumuli que j'avais rencontrés n'étaient pas des monuments de la même période. Cette supposition était *à priori* tout à fait vraisemblable.

Mais j'avais recueilli sur ces monuments la légende des « *arouélo aga heuram*, » ou tas de pierres des femmes.

[1] Ce Jabarti est un Arabe (d'après la légende) qui arriva dans les environs de Guardafui vers l'an 75 de l'hégire. Darrot, c'est ainsi qu'on l'appelle aussi quelquefois, est le père de Medjourtine, Ouarsangueli, Déchichi et Dolbohante, et c'est de ces enfants que sont descendues les tribus actuelles qui portent les mêmes noms.

« Autrefois, disait la légende, le pays était gouverné par une reine conquérante. Cette reine, pour s'assurer la domination de son royaume, ordonna la mutilation des enfants mâles. A sa mort les hommes refusèrent de l'ensevelir. Les femmes se chargèrent de cette triste besogne et l'ensevelirent *sous un tas de pierres.*

« Depuis lors le mauvais génie de cette reine réside dans tous les tumuli construits à l'image de cette antique sépulture. C'est ce génie que les femmes Çomalis vont consulter quand elles ont à se prononcer pour un mariage. C'est encore lui auquel elles adressent leurs invocations, de peur que leurs enfants viennent au monde privés de leurs parties sexuelles.

« Aussi, chaque fois qu'elles passent auprès de ces tumuli jettent-elles chacune une pierre dessus ou à côté, non sans avoir préalablement eu soin d'embrasser le sol et de faire une prière pour conjurer le mauvais esprit. »

J'avais conclu de ce récit que les tumuli que je rencontrais étaient simplement des agglomérations se rattachant à la légende des *arouèlo aga heuram.*

J'ai trouvé depuis un texte de Strabon sur les troglodytes habitant le littoral [1]. « Ils vont nus, dit le grand géographe, couverts de peaux, armés de bâtons. Les femmes s'entourent le cou de coquillages pour se défendre des maléfices. Quelques-uns se circoncisent à la manière égyptienne. Ils ensevelissent leurs morts en leur attachant le cou et les jambes avec des rameaux de paliure, puis *ils jettent sur le corps des pierres,* en riant et se réjouissant, jusqu'à ce qu'il soit tout couvert et qu'on ne puisse plus l'apercevoir. »

J'ai supposé alors qu'il y avait nécessairement un lien entre les constructeurs de tumuli et les troglodytes de Strabon.

La situation du camp de Berguel et certains détails recueillis sur ses alentours, m'ont montré en outre à côté des troglodytes les ichtyophages des anciens.

J'ai souligné plus haut la position aux abords de la lagune

---

[1] Strabon d'après Artémidore, XVI, p. 775.

d'eau salée de Berguel, de monceaux de coquilles de clovisses, de squelettes de tortue et d'ossements de poisson.

Or, voici ce que dit Artémidore, cité par Strabon :

« Il est quelques tribus ichtyophages qui entretiennent des *co-quillages charnus dans des fondrières et des mares remplies d'eau de mer* ; ils les nourrissent avec du fretin et s'en font une ressource quand le poisson est rare, ou quand ils ne peuvent pas pêcher à cause de la violence de la mer[1].

« Leurs demeures consistent dans des cavernes ou des cahutes recouvertes, dont les poutres ou les solives sont *des os de cétacés et des arêtes* revêtus de *feuilles d'olivier*[2].

« Les chélénophages, ajoute le même auteur, couvrent leurs cabanes d'*écailles de tortue*. Ces écailles sont de telle grandeur, qu'ils s'en servent quelquefois de bateaux. »

On voit que nos découvertes sont le commentaire littéral des descriptions que l'antiquité avait consacrées aux populations de l'extrême Orient africain.

Ces troglodytes et ces ichthyophages, constructeurs probables d'une partie des tumuli du pays Çomal, ne sont cependant pas les auteurs de toutes ces accumulations. Les *tumuli* de Ifes sont bien postérieurs ; la simple énumération des objets qu'ils nous ont donnés suffit à le prouver sans aucune hésitation.

Avant d'exposer les comparaisons que ces objets peuvent sug-gérer, j'ai à dire quelques mots encore des bas-reliefs de Pount, dont je place la scène aux abords de Brawa.

Le poignard du chef des indigènes est absolument semblable à celui qui est encore en usage aujourd'hui chez les naturels de la région de Brawa, Magadoxo, etc.

Les huttes figurées dans les bas-reliefs de Deir et Bahari sont coniques. La forme conique est usuelle chez les Çomalis Bimals, Cablallahs, Tunis, etc., du bassin de la Ouèbi.

Mais une chose m'intrigue : les huttes sont bâties sur pilotis

---

[1] Le changement de mousson de sud-ouest en celle de nord-est roule à la plage des vagues énormes.

[2] Le feuillage qu'Artémidore croit être celui de l'olivier n'est autre que celui d'un arbre appelé par les Çomalis damas (*combratacens. hild.*), très abon-dant dans toute cette région.

d'après la représentation, puisqu'on n'y parvient que par une échelle. Serait-ce la figuration de huttes avoisinant des marais ou des lacs? Dans cette hypothèse les débordements annuels de la Ouébi et le lac où elle se perd près de Brawa serviraient bien mes identifications. Seraient-ce des terrassements de cailloux assez élevés pour qu'on se servit d'une échelle inclinée pour y arriver et sur lesquels reposaient les huttes, que le sculpteur égyptien a voulu représenter ? Malheureusement, à l'époque où je visitais Brawa et toute la côte orientale, je ne m'intéressais pas à la question que je traite en ce moment; peut-être aurais-je rencontré ces mêmes terrassements en pierres, ce qui aurait aidé à la confirmation de mes hypothèses.

J'ajoute que ce qui a surtout encouragé les idées que j'émets aujourd'hui sur les environs de Brawa comme point de débarquement de l'expédition égyptienne, c'est que dans ces parages, plus que sur aucun autre point du littoral, arrive en quantité considérable *l'ana*, la myrrhe, dont il est si longuement question dans les produits rapportés par les navigateurs égyptiens. J'ajouterai que là aussi *seulement* arrive de *l'ivoire*. En revanche les ports avoisinant Guardafui exportent une *quantité insignifiante de myrrhe et pas une défense d'éléphant.*

Revenons aux tumuli. J'ai déjà dit qu'ils contenaient des émaux, des fragments de poteries, des perles, etc.

Les poteries émaillées de bleu et de vert, et le masque en émail, avaient été jugés par l'illustre et regretté M. de Longpérier, comme datant de l'époque des Ptolémées, tandis qu'il désignait comme purement romains les autres fragments d'émaux, et les poteries rouges.

Depuis cette analyse, qui remonte aux premiers jours de mon arrivée en France, j'ai trouvé dans la collection du musée des antiques au Louvre un fragment d'émail grec absolument identique aux miens, et dans un lot de verres émaillés venant des fouilles de Pompéi[1], les mêmes dessins et la même pâte

---

[1] Je dois ces émaux à l'obligeance de M. le docteur Salviati, le régénérateur de la mosaïque de Venise, qui a bien voulu me les faire parvenir après nos aimables causeries du congrès géographique de 1881.

Fig. 17 à 23. Vase en albâtre trouvé aux mains des indigènes. Bender-Gâsem (Medjourtine). — Fragments d'un unguentarium de même nature. — Débris de poterie recouverts d'une couche d'émail bleu. — Verre à côtes bleuté. — Poteries rouges vernies, communément appelées poteries de Samos. — Ces quatre derniers objets proviennent des fouilles de Ilés. (Tribu des Habar-tel-Jalo.)

de terre que dans les fragments que j'ai rapportés des pays çomalis !

On est surpris d'abord de voir ces éléments appartenant à des époques si différentes enfouis à la même place. Mais où les ai-je trouvés? Au pied de la colline de Mojilin, dans la crique de Saloulne, sur l'emplacement probable de la colonie de Mosylon dont nous parlent les auteurs anciens[1], à l'embouchure du ruisseau de *Sal.*

Et ces auteurs anciens nous citent précisément parmi les matières d'importations celles qui se retrouvent dans mes fouilles[2]!

Les analogies ne sont pas moins frappantes que celles que nous fournissait tout à l'heure la position du camp des icthyophages de Berguel par rapport aux données d'Artémidore.

Il est profondément regrettable que les circonstances ne m'aient pas permis de faire de plus longues fouilles au sein de ces monuments si particulièrement intéressants.

Passons aux ruines des constructions.

Les objets que j'ai ramassés auprès de celles d'Olok, sont des débris d'amphore, de poteries, de meule de moulin en lave. Toutes ces choses seraient romaines, suivant M. de Longpérier.

Mais aucune inscription, aucun caractère ne définit ces constructions taillées dans le roc, malgré la régularité parfaite de leur plan. Était-ce là le poste romain d'Olok établi dans cette baie de refuge toujours calme, désignée dans le périple de la mer Érythrée par ces mots: *Statio boreæ obnoxia* ?

---

[1] A mundi emporio si orientem versus navigaveris post bidui item vel tridui cursum proxime sequitur Mosyllum in littori impetuoso.

Importantur eo jam dicta mercis genera ac vasa argentea et panciora et merces vitreæ.

Exportatur his ex locis cassiæ vis plurima (quapropter etiam majoribus navigiis emporium indiget) et alia odorifera et aromata porro macrotu deterius Mundicoto, thus transfretanum, ebur vero et myrrha rarius. (Périple de la mer Erythrée.)

[2] Importantur in hunc locum præter ea quæ modo memoravimus tunicæ sat multæ, saga Arsinoeticæ a fullonibus præparata *tincta que pocula*, meliephta pauca, ferrum que paulum numismatis aurei et argenti.

Dans la carte du périple de la mer Erythrée, Mosylon est marqué comme étant situé entre Bourg-Gaben et Bender Baad, à l'est de Ras et Hamar.

D'Anville, t. III, page 61 et Gosselin, livre Ier, ont discuté cette position et dit que Mosylon devait se trouver près de Mahet. Mes découvertes confirment cette dernière hypothèse.

Si à Khor Abdaham, je n'ai trouvé autour des ruines de ce
que je suppose être un petit temple aucun débris. le fragment
de corniche avec moulure émergeant de terre, la disposition des
pierres, son rapprochement avec d'autres monuments [1] aideront
à conclure en faveur du caractère grec.

Serait-ce l'un de ces temples établis entre Ras Haffoun (le
Notu-Céras des anciens) et Zeyla dont nous parle Strabon [2]?

Aucune inscription ne nous le confirme. Il n'en est pas moins
hors de doute que les Grecs et les Romains ont séjourné dans
l'*Aromatica Regio* où leur influence semble même s'être exercée
avec une certaine force.

Les Çomalis ont en effet conservé dans leurs us et coutumes
des souvenirs de leurs relations avec ces peuples, et j'essayerai,
dans un prochain article, de faire ressortir tout ce que j'ai trouvé
chez eux de vestiges de ce contact avec les puissances civilisa-
trices des temps anciens.

III

J'ai exposé dans mon premier article sur l'archéologie et l'ethnographie du Çomal, les découvertes qu'il m'a été donné de
faire relatives au passé de ce curieux pays. Après avoir ainsi
examiné les vestiges laissés sur le sol, par les peuples qui s'y
sont succédé pendant le cours de longs siècles, je vais interro-
ger rapidement les caractères physiques, intellectuels, moraux
des Çomalis actuels, afin de voir dans quelle mesure ils ont gardé
l'empreinte des races dont l'archéologie nous révèle la présence
à différentes époques, sur les rivages qu'ils habitent.

C'est par les bas-reliefs et les peintures du temple de Deir-el-
Bahari, à l'Assassif [3] et du tombeau de Rekhmara [4] à Scheikh-Abd-el

---

[1] Tombeau de Pydna. *Histoire romaine* de Duruy.

[2] Les temples de Carymothus, Pythangelus, Lycha et Pytholaüs.

[3] Aug. Mariette Bey. *Deir el Bahari. Documents topographiques, historiques
et ethnographiques recueillis dans ce temple pendant les fouilles*. Leipzig, 1877,
gr. in-4, atlas in-folio.

[4] Hoskins. *Travels in Ethiopa*, London, 1835, in-4, p. 328 et planche. —
Wilkinson. *Topography of Thebes*. London, 1835, in-8, p. 151-153 et *Manners
and Customs of the ancient Egyptians*, t. I, pl. IV. London, 1837, in-8. —
E. T. Hamy. *Observations ethnologiques sur les peintures de la tombe de Rekhmara à Scheik-abd-el Kournah, Thèbes* (*Bulletin de la Société d'Anthropologie*,
2e série, t. IX, p. 214-224, 1875).

Qournah, que la race de Poun s'est fait connaître aux ethnographes, dans son type et dans ses mœurs. C'est dans les reproductions de ces deux monuments que j'ai cherché les points de contact entre les habitants de Poun et les modernes Comalis.

Ces points de contact sont nombreux et l'identité des deux peuples ressort indiscutable de la comparaison de mes documents avec ceux que les Hoskins, les Wilkinson, les Mariette nous ont fait connaître.

En ce qui concerne les types physiques, je constate que tout d'abord par leur ensemble les proportions et les formes générales des gens de Poun et des Comalis sont identiques. Les artistes égyptiens ont représenté les premiers comme de haute taille, de formes élancées, larges des épaules, étroits des hanches, offrant une couleur qui varie du brun foncé au rouge clair.

Les seconds sont aussi, grands, élégamment tournés, dilatés des épaules, relativement efflanqués, et j'ai signalé au cours de ma relation de voyage [1] les variations chromatiques considérables qu'offre leur peau. La nuance rouge a plus particulièrement attiré mon attention dans la région de Fararalé, aux abords du Nogal, chez les Dolbohantes. La gamme des couleurs s'élève quelquefois jusqu'au bistre, et jusqu'au chamois.

Les cheveux des guerriers Comalis, longs, frisés par mèches, couvrant les épaules; la tête rasée des vieillards et leur barbe clair-semée sur les joues, pour ne pas dire nulle, se terminant par une barbiche en croc ramenée en avant; sont tout à fait conformes aux données des monuments égyptiens.

Le profil facial habituellement droit, parfois un peu incliné, le nez tantôt droit et tantôt aquilin, au lobule plus ou moins développé, aux narines plus ou moins larges, la bouche mince ou charnue, aux lèvres plus ou moins saillantes se montrent aussi bien dans mes photographies que sur les planches de Mariette.

Enfin j'ai eu l'occasion de constater à diverses reprises, chez les femmes, l'existence de la stéatopygie qui défigure à un si haut degré la célèbre reine de Poun. Les deux dessins ci-joints

---

[1] G. Révoil. *La vallée du Darror*. Paris, Challamel aîné, 1882, in-8, *pass.*

ne montrent pas les cas les plus accentués que j'ai rencontrés sur ma route (fig. 110 et 111). Il m'a été impossible de rapporter des copies fidèles des spécimens tout à fait extraordinaires que j'ai plusieurs fois aperçues.

Les deux femmes que j'ai photographiées et dont les esquisses ci-contre reproduisent exactement les profils, avaient l'une dix-neuf ans et l'autre vingt.

Ainsi que me le fait remarquer M. le docteur Hamy, elles semblent non seulement présenter un développement exagéré du système adipeux des fesses et des cuisses, mais offrir, l'une d'elles surtout, la véritable stéatopygie si fréquemment observée chez les femmes boschimanes.

On constate en effet sur la photographie, bien mieux encore que sur l'esquisse qui en a été tirée, la présence à la face externe des cuisses de masses fibro-graisseuses tout à fait identiques à celles des Boschimanes, masses qui se prolongent en avant, et en bas, jusqu'à peu de distance des genoux.

Les deux sujets sont en même temps remarquables par l'exagération des courbes dorso-lombaires de la colonne vertébrale, qui devient véritablement ensellée pour me servir des expressions que Duchenne de Boulogne a appliquées à cette déformation.

La reine de Poun et sa fille, dont les formes plus juvéniles tendent cependant déjà à se rapprocher de celles de sa monstrueuse mère, ont toutes deux la tête frisée en petites nattes, ceinte de bandeaux, le cou orné de colliers, le bas du corps couvert à partir de la taille par un ample jupon.

Or, les jeunes filles çomalis se tressent les cheveux en petites mèches fines et les femmes se coiffaient de même, avant l'importation des étoffes dont elles s'enveloppent aujourd'hui. Une bandelette terminée en arrière par des lanières de cuir découpées, ou par une queue de cheval leur ceint le front (fig. 112 et 113).

Elles portent au cou des amulettes de gros coquillages ronds (fig. 114 et 115) (calottes des diverses variétés de *cônes* très abondants sur le littoral) qui rappellent, au moins dans l'intérieur, les colliers des princesses de Poun, et s'enveloppent de peau de moutons tannées et assouplies qui offrent une couleur

jaunâtre tout à fait analogue à celle des jupons du bas-relief de
Deir-el-Baĥari.

Le costume des hommes offre des rapprochements non moins

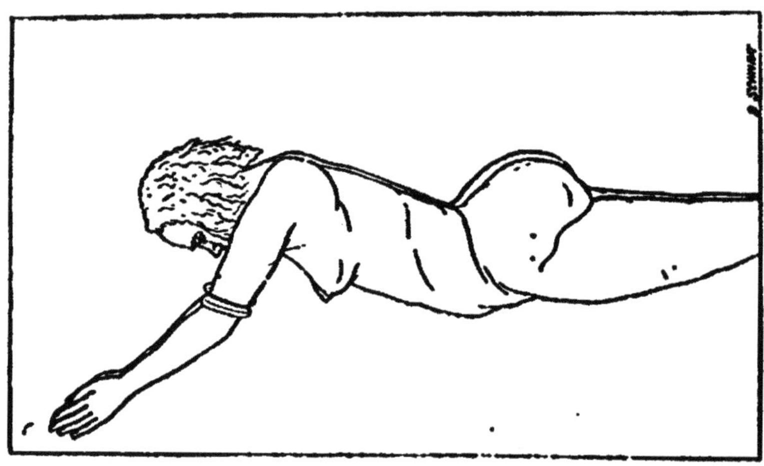

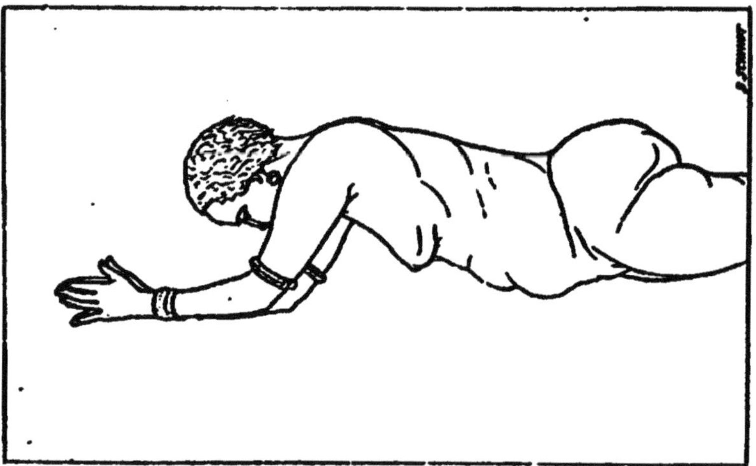

Fig. 110 et 111. Deux jeunes femmes çomalis atteintes de stéatopygie. (D'après
des photographies de M. G. Révoil.)

frappants. J'ai déjà parlé du poignard et· de la jambière métal-
lique du chef de Poun, et signalé la persistance de l'emploi de
ces deux pièces sous des formes peu différentes jusqu'aux temps
actuels.

Comme sa femme et sa fille, ce personnage porte un collier où se voient enfilées trois pièces. Or, quelques Çomalis de l'intérieur portent encore aujourd'hui des petits paquets d'écorce de *gallal* destinés à conjurer les maléfices et à préserver de la piqûre redoutable de certains serpents, mais cet ornement n'est, d'habitude, composé que d'une seule pièce, comme nous le voyons au cou des serviteurs du vieux chef de Deir-el-Bahari.

L'un des personnages marquants du Poun a décoré son bandeau

Fig. 113. Jeune fille de la tribu des Dolbohantes, parée du *djarré*.

d'une plume d'autruche plantée debout sur le côté droit de la tête. Or il est à remarquer qu'aujourd'hui encore, chez les Gallas, chez les Çomalis, et dans presque toutes les tribus de la pointe nord-est de l'Afrique, il est d'usage, en mémoire d'une action d'éclat, de se piquer des plumes d'autruche dans les cheveux. C'est surtout s'il a tué un blanc, que le guerrier se montre la tête ainsi ornée. Bien plus, certains Gallas, ceux en particulier que j'ai vus à Kismayo, à l'entrée du Djoub, portent comme ornement de parade une sorte de diadème en plumes blanches ou noires, retenu au menton par une attache.

Les bracelets de fer ou de corne sont tous en usage chez les

Çomalis du littoral. Chez ceux voisins de la Ouébi et du Djoub, on porte encore aux mains et aux pieds des anneaux d'ivoire fendus, que me rappellent d'une manière frappante les objets indéterminés jusqu'ici que Horus pèse dans sa balance sur un des bas-reliefs de Deir-el-Bahari.

Si nous passons à l'examen des armes, des ustensiles, etc., nous constaterons que, dans l'armement, la massue droite, la massue

Fig. 113. Jeune fille Dolbohante, parée du *djarré*.

courbée et l'arc à triple courbure des naturels d'aujourd'hui, ne sont autres que ceux des anciens habitants de Poun; que les paniers actuels en paille tressée et les calebasses qui servent à contenir la graisse et le lait ont la même forme et la même couleur que ceux représentés sur les fresques de Rekhmara.

Les Bédouins paquettent encore leurs ânes comme les paquetaient les serviteurs du chef de Poun, venant au-devant du chef égyptien.

Enfin les Çomalis habitent sous des huttes, et j'ai fait observer précédemment que j'ai retrouvé la forme de celles des monuments de Deir-el-Bahari, en me rapprochant de Brawa et de l'Équateur.

De cet ensemble de curieuses observations il résulte donc, sans aucun doute, que la population actuelle de l'extrémité orientale de l'Afrique se présente au voyageur à peu près sous le même aspect que celui qui avait si fortement frappé les envoyés de la reine Hashepsou, dix-sept cents ans avant notre ère !

IV

Les Çomalis ont été cependant quelque peu modifiés, sinon par leur sujétion momentanée à l'Égypte, du moins par la longue fréquentation de leurs côtes par les navires qui les ont depuis lors visitées et exploitées.

Fig. 115. Amulette en coquillage que les Bédouines çomalis portent au cou.
(*Coll. Révoil. Musée d'Ethnographie du Trocadéro.*)

Un petit nombre d'objets plus ou moins assimilables à ceux que l'Égypte leur avait fait connaître sont encore entre leurs mains.

Je citerai d'abord la hache (fig. 116), simple coin de métal fiché verticalement dans son manche de bois et qui se rapproche assez de celle des soldats de l'armée égyptienne, pour qu'on puisse supposer que la forme actuelle dérive de celle que les soldats d'Hashepsou leur ont autrefois apportées.

Il paraît en être de même du carquois çomali, carquois cylindroïde, de diamètre moindre au milieu qu'aux extrémités et qui ressemble tout à fait à celui de l'infanterie d'Égypte sous la xviiie dynastie.

Les vestiges de l'occupation par des colonies grecques d'une partie des rivages de la terre Çomali sont naturellement plus importants que ceux qu'y a laissé le commerce intermittent des Égyptiens [1].

J'ai précédemment rappelé ce que dit le Périple de la Mer Erythrée du commerce et de la colonie de *Mosylon*. J'ai reproduit en partie les descriptions qu'Artémidore a consacrées aux peuplades ichthyophages, descriptions qui expliquent si parfaitement mes découvertes du camp de Berguel.

Je ne reviendrai point sur les comparaisons suffisamment développées alors. Je veux seulement, à propos des établissements

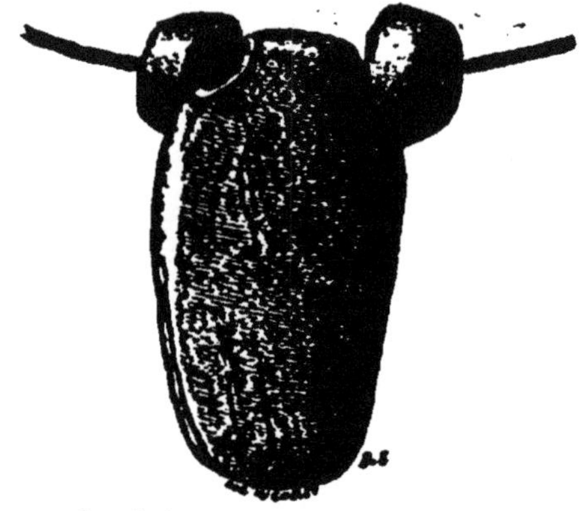

Fig. 115. Amulette en coquillages du Camp de Berguel.
(*Coll. Révoil. Musée d'Ethnographie du Trocadéro.*)

grecs résumer brièvement une hypothèse qui me paraît acceptable au moins dans ce qu'elle y a de plus général ; hypothèse suivant laquelle j'attribuerais à l'élément grec introduit au Çomal, sous les Ptolémées, un rôle assez important. Cet élément pourrait bien, à mon sens, avoir élevé parfois le type Çomali jusqu'au voisinage de ceux qui sont propres aux races les plus hautes dans l'échelle humaine. Il pourrait avoir suffisamment blanchi le teint de certains groupes, relativement peu éloignés par l'habitat, pour

[1] Les Phéniciens ouvrirent la navigation du golfe d'*Aoualités*. Il existe encore la tribu des Haber-Aouel. Les habitants du littoral entre le cap Ras-Felek et le cap Guardafui s'appellent les *Souakron*. Or, en grec, *Souacron* (Σουαχρον) veut dire pêcheur du sanglier de mer, pêcheur de requin !

qu'on puisse les rattacher à ces Gallas à peau claire dont parle Prichard, ou aux individus plus ou moins exceptionnels dont on a mentionné la présence dans certains massifs montagneux du bassin du haut Nil, et qui seraient les derniers témoins d'un état ancien presque complètement disparu. S'il faut en croire les indigènes, mon hypothèse trouverait une éclatante confirmation chez les *Habachis-Habied* qui vivent aux confins de la Ouebi, tout près des Ougadines.

Or, les yeux sur la carte, reportons-nous à l'histoire des Ptolé-

Fig. 116. Haches en fer des Çomalis, diversement emmanchées.
(*Coll. Révoil. Musée d'Ethnographie du Trocadéro.*)

mées. Nous y verrons que des colons sont venus s'établir dans le haut du fleuve Ouébi et habiter la contrée de *Niloptolemaïa*, afin d'exploiter les richesses du pays et de chasser l'éléphant.

Il ne serait pas impossible que ces colons aient descendu le cours du fleuve vers le sud-est et qu'ils soient devenus les pères des Habachis-Habied ?

Ce qui est bien certain, c'est que les Çomalis disent aujourd'hui, avec mépris, qu'autrefois *ils étaient Gallas*. Ils complètent d'ailleurs ces assertions en affirmant que l'invasion de l'islam a chassé les infidèles dans la région du Nogal et vers le sud.

---

¹) J'ai eu l'occasion à Marseille, il y a environ deux ans, de faire dire par des Çomalis chauffeurs à bord des paquebots des Messageries, en présence de quelques membres de la Société de Géographie, qu'ils connaissaient les *Gallas blancs* et les plaçaient sur les bords de la Ouébi, tout près de la *Mer douce*

Fig. 117. Çomalis drapés dans leur sayon.
(D'après un dessin de M. G. Révoil.)

Quoi qu'il en soit, les trafiquants grecs venus sur la côte ont apporté entr'autres objets d'échange le *sayon de Suez* (sagum arsinoëticum). Les naturels ont adopté cette nouvelle mode. Au lieu des *costumes de peau*, ils vont porter la toge dans laquelle ils se drapent fièrement en imitant de leur mieux les allures des marchands qui la leur ont vendue (fig. 117).

A la massue, à la hache et à l'arc se juxtaposeront la lance longue et la lance courte (*cuspis* et *spiculum*), le bouclier et le sabre. L'ordre de combat sur deux rangs deviendra national, et se maintiendra à tel point qu'aujourd'hui encore un combat entre Çomalis rappelle ceux de l'antiquité classique.

Les femmes se draperont comme les hommes, avec le peplum noué à l'épaule, et elles emprisonneront leurs cheveux dans une coiffe d'étoffe (fig. 118).

A les voir suivre un enterrement ou une noce, portant en l'air le *duberad* ou brûle-parfum, on est frappé de l'archaïsme de leurs attitudes !

V

La conquête arabe a dû faire disparaître bien d'autres traces du séjour des Grecs. Jabarti-ben-Ismaïl, arabe féroce et fanatique, prêchait l'islamisme aux Çomalis dès l'an 75 de l'égire.

Jeté par la tempête à Ras Felek, au moment où il se dirigeait vers le golfe Persique, Jabarti se trouva dans un pays occupé par des païens qui ne savaient rien ni de Dieu, ni du Prophète, et pendant plusieurs jours, il fut obligé de se tenir caché dans une caverne, à God-Baroro, sur la route de Beridé à Damacap Guardafui.

La main de Dieu l'y nourrit miraculeusement pendant tout le temps de son exil. Comme il avait le pouvoir de découvrir les trésors, bien vite il se fit des prosélytes, les convertit à l'islamisme et refoula dans l'intérieur tous ceux qui refusaient d'embrasser sa religion.

Il épousa alors Doubarra, fille de Dogolla, sœur du roi de Dür.

Quand il mourut il fut enterré à Hobera près de Rhât, dans la tribu des Ouarsanguelis.

Son fils Harti eut quatre enfants, Dolbohante, Déchichi, Med-Jourtine et Ouarsangueli, qui ont été, dit la légende, les pères des quatre tribus actuelles du même nom, établies à la pointe orientale du continent africain.

Fig. 118. Femme riche de la côte du Çomal. (D'après une photographie de M. G. Révoil.)

Par Jabarti-ben-Ismaïl et les navigateurs arabes pénètre dans le Çomal un courant sémite qui modifie quelque peu le type des populations qu'il rencontre.

L'islam dans les prières, les cérémonies religieuses, la vie intérieure des riverains, amène les us et coutumes prescrits et spécifiés par le Coran.

L'influence arabe a d'ailleurs peu de prise. Chez l'homme elle ajoute au costume des quelques *haji* ou prêtres le turban qui les distingue des autres naturels.

La femme riche adopte les bijoux en argent, bracelets, boucles d'oreilles, etc., et le grand collier (Kartassia çomaliad), mais les bijoux que l'on peut voir encore fabriquer aujourd'hui à Aden semblent plutôt de caractère juif, bien qu'ils soient importés dans le Çomal par les Arabes.

Aucune industrie ne prend naissance au contact avec les navigateurs ou trafiquants arabes. Ce sont encore ces derniers qui, pendant leurs stations sur le littoral, construisent moyennant redevance en argent ou en produits du pays les grands boutres (embarcations), érigent les mosquées et les greniers en pisé. Le caractère belliqueux des naturels n'a retenu qu'une chose de ces leçons d'architecture. Le mode de construction des forts en briques séchées au soleil.

Leur fanatisme et leur religion pour les morts a copié sur les Arabes certaines sépultures, dont les stèles sont blanchies à la chaux et couronnées par une boule imitant le turban.

Mais l'introduction dans le Çomal de ces constructions, de ces coutumes, a fait époque et remonte à fraîche date à la venue à Meraya, chez les Medjourtines, d'un arabe, Fatah-Abdi, dont les petits-fils sont encore très jeunes.

Il ne reste plus qu'un élément tout à fait arabe qui est le harnachement du cheval, selle, bride et mors. Quelques mots de même origine se sont bien glissés dans l'idiome, mais, malgré cela, le Çomali reste encore avec son caractère plein d'archaïsme, qui le fait tenir beaucoup plus de l'égyptien, du grec et du romain que de l'arabe actuel.

80